NOTICE

SUR

M. A. DAGUIN

DE NOGENT

PAR

M. V***

———✦———

PARIS — 1883

NOTICE

SUR

M. A. DAGUIN

DE NOGENT

PAR

M. V***

PARIS — 1883

NOTICE

SUR

M. A. DAGUIN

AGUIN (Claude-Arthur) naquit à Nogent (Haute-Marne), le 31 janvier 1849, de Jean-Baptiste DAGUIN et de Valérie-Rose GIRARD. Dès sa jeunesse, ses goûts le portèrent vers les études historiques et scientifiques : il avait dix ans à peine qu'il réunissait déjà les éléments de collections zoologiques, botaniques et paléontologiques du canton de Nogent; c'est aussi vers cette époque qu'il commença à colliger des matériaux historiques et en particulier ceux d'une histoire de Nogent et de son canton, histoire à peu près terminée aujourd'hui et qui fournira la matière de quatre forts volumes in-8°.

Entré au lycée de Chaumont à l'âge de treize ans, M. DAGUIN termina ses études littéraires en 1867. Des nombreux succès qu'il remporta pendant cette période nous n'avons pas à nous occuper ; mais nous devons rappeler qu'en 1866 il reçut un *prix d'honneur de la ville de Chaumont,* en souvenir de ce qu'il figurait parmi les lauréats du concours d'histoire ouvert cette année entre les élèves des lycées et des collèges du ressort académique de Dijon.

Seul, et en quelques mois, il se prépara au baccalauréat ès sciences et se fit recevoir, avec honneur, à Paris, le 9 mai 1868. Il entra ensuite à l'institution Jully, où il étudia les mathématiques spéciales. Il venait de se faire inscrire parmi les candidats à l'École des Mines, quand éclata la guerre avec la Prusse. Parti comme volontaire, il fit toute la campagne avec le 53e régiment de marche ; on lui remit à sa libération un certificat attestant, en termes les plus flatteurs, que les fonctions de caporal et de sergent lui avaient été confiées successivement en récompense de ses services signalés. Le 12 mars 1871, ayant obtenu une permission de quitter momentanément le régiment, il arrive à Paris; le jour même, il passe les examens d'admission à l'École des Mines et est reçu avec le numéro trois.

Mais, deux ans plus tard, une grave maladie, suite des fatigues de la guerre, força M. Daguin de cesser un travail opiniâtre et d'abandonner l'École des Mines. Lorsqu'il eut recouvré la santé, il s'adonna entièrement aux travaux historiques, collaborant à diverses publications périodiques, faisant imprimer des ouvrages et des brochures sur le département de la Haute-Marne et sur la province de Champagne. Il s'occupa aussi du développement de l'instruction dans son pays natal; on lit, à ce sujet, dans le numéro du 30 juillet 1881, du journal *l'Union de la Haute-Marne* : « Notre compatriote, M. A. Daguin, est très connu par ses travaux, souvent médaillés, sur l'histoire, l'industrie, etc., du département; il doit l'être tout autant pour son dévouement à la diffusion de l'instruction.

« Personne, plus que lui, n'est venu en aide à nos écoles de Nogent. C'est grâce à lui (un don de 3oo francs) qu'il nous a été donné de voir enfin fonctionner la Caisse des écoles, fondée déjà depuis deux ans. C'est lui, en outre, qui a garni Nogent de ces troncs aux trois couleurs pour la récolte du sou des écoles.

« Il y a cinq ans, il a fondé un prix annuel (livret de 10 francs) pour les études historiques et scientifiques alternativement. Il a donné un grand nombre de ses ouvrages pour être donnés en récompense aux meilleurs élèves. Notre bibliothèque scolaire, qui possède aujourd'hui mille trois cent trente-cinq ouvrages, lui est redevable de plus des trois quarts de ses volumes. Le musée de la même école lui doit presque en entier : sa collection minéralogique, cent soixante échantillons ; sa collection géologique de la Haute-Marne, quarante-neuf flacons ; sa collection de paléontologie, vingt-huit fossiles ; sa collection zoologique, trente-quatre espèces ; sa collection agricole, vingt-deux flacons de semences du département ; son herbier des plantes du canton, six cents à sept cents espèces ; une collection de cinquante bottillons pour l'étude et la comparaison des fourrages ; sa collection industrielle, soixante échantillons ; sa collection de monnaies, cent quarante-cinq numéros. Des instruments de physique et de chimie, une belle presse à lithographier, des planches d'histoire naturelle, de nombreux modèles de dessin académique et de machines au trait ou au lavis, etc., proviennent encore de la générosité de notre compatriote.

« M. DAGUIN vient aujourd'hui de compléter notre musée scolaire en l'enrichissant d'une collection d'un millier d'insectes qui, à part quelques-uns, ont été pris dans notre région.

« Il n'est pas nécessaire de démontrer l'utilité de semblables collections, surtout quand, comme celle-ci, elles ont pour annexe un ouvrage où le numéro d'ordre de chaque étiquette se trouve inscrit dans la marge en face de la description de l'espèce correspondante. C'est grâce à de telles indications qu'une collection entomologique peut être utile et faire connaître, sans ennui ni perte de temps, les insectes amis et ennemis de l'homme.

« Douze boîtes vitrées renferment la collection de ces insectes qui ont été pris, épinglés, déterminés, classés, étiquetés, etc., par le donateur lui-même, dont l'ouvrage sur les animaux utiles et nuisibles de la Haute-Marne vient d'être médaillé par la Société protectrice des animaux. »

La sollicitude de M. DAGUIN pour les écoles de son pays natal était bien connue des autorités préposées à l'instruction dans la Haute-Marne, car, lorsque, dans sa séance du 21 juin 1880, le Conseil départemental renouvela les pouvoirs des délégués cantonaux, M. DAGUIN, bien qu'il habitât Paris, fut appelé à faire partie de la délégation du canton de Nogent.

Mais passons aux travaux historiques, scientifiques ou littéraires dus à la plume de M. DAGUIN. On n'attend pas de nous, nous aimons à le croire, que nous en donnions la liste ; rien qu'en s'en tenant aux études publiées par la *Revue de Champagne et de Brie*, cette liste serait déjà imposante. Nous ne mentionnerons donc que les ouvrages de longue haleine :

1° *Notes sur Nogent (Haute-Marne)*. — *Examen critique de quelques opinions émises sur l'histoire de cette ville.* — Paris, Malteste, 1876 ; in-8°.

Nouvelle édition : Paris, Menu, 1877 ; in-8°.

2° *Le Canton de Nogent : le sol, l'histoire, l'habitant.* — Volumineux manuscrit in-folio (couronné en 1876 par la Société d'anthropologie, de Paris).

3° *Les Prussiens à Nogent (Haute-Marne) en 1870.* — Nogent, Mongin, 1877 ; in-8°.

4° *Étude sur le patois du Bassigny et plus particulièrement sur celui de Nogent (Haute-Marne).* — Mémoire in-folio envoyé à l'Académie de Stanislas, de Nancy, pour son enquête sur les patois du nord-est de la France, en 1877.

5° *Nogent et la coutellerie dans la Haute-*

Marne. — Nogent, Mongin, 1878 ; in-8°. — Mention honorable de l'Académie nationale, agricole, manufacturière et commerciale, en 1881.

6° *Les Évêques de Langres ; étude épigraphique, sigillographique et héraldique.*—Langres, Nogent, 1880 ; in-4°. — Première médaille de la Société historique et archéologique de Langres, en 1877.

7° *Étude sur les animaux vertébrés utiles et nuisibles du département de la Haute-Marne.* — Mémoire in-folio, couronné en 1881 par la Société protectrice des Animaux, de Paris.

8° *Étude entomologique sur le département de la Haute-Marne.* — Mémoire in-folio qui a obtenu, en 1882, la plus haute médaille de la Société protectrice des Animaux, de Paris.

9° *Armorial des élections de Chaumont, Joinville, Langres, Saint-Dizier et Wassy, dressé par Charles d'Hozier, en vertu de l'édit de 1696 ; publié pour la première fois et annoté par A. DAGUIN.* — Manuscrit in-folio auquel a été décernée, en 1882, la première médaille de la Société historique et archéologique de Langres.

10° *Flore du département de la Haute-Marne.* — Volumineux recueil in-folio formé avec la collaboration de M. Aubriot, secrétaire de la Société savante de Saint-Dizier.

11° *L'Imprimerie et la Librairie dans la Haute-Marne et dans l'ancien diocèse de Langres.* — Paris et Langres, 1883 ; in-8°. — Ouvrage composé en collaboration avec le F. Asclépiades, secrétaire général de l'Institut des frères des Écoles chrétiennes.

12° *Bibliographie Haute-Marnaise. Catalogue d'ouvrages concernant le département de la Haute-Marne.* — Paris, Champion, 1883 ; in-8°. — Catalogue, avec notes historiques et bibliographiques, de sept cent vingt ouvrages rares offerts par M. DAGUIN à la bibliothèque départementale dite « Barotte ».

13° *Les Registres baptistaires. Journal de Nicolas Parisot, curé de Dinteville.* — Paris,

Champion, 1883 ; in-8°. — Étude d'érudition montrant combien sont précieux pour l'histoire les anciens registres paroissiaux.

14° *Histoire de*......

Mais il est temps de nous arrêter dans cette énumération qui n'en finirait pas si nous voulions tout mentionner. A plus forte raison, nous passons sous silence les nombreux articles de fond, de chronique, de biographie et de bibliographie, que M. DAGUIN a fournis à divers périodiques, notamment au *Tournoi littéraire*, à la *Revue de Champagne et de Brie*, à la *Revue historique et nobiliaire*, au *Bulletin de la Société historique et archéologique de Langres*, etc. Nous dirons seulement que M. DAGUIN se propose de publier, plus ou moins prochainement : une histoire naturelle de la Haute-Marne ; une histoire générale du département ; celle de plusieurs communes et établissements ; l'histoire des mœurs, du langage, etc., des habitants ; l'histoire généalogique et héraldique des principales familles nobles et bourgeoises ; des biographies ; des

bibliographies spéciales, etc. Actuellement,
M. DAGUIN possède sur toutes ces matières des
documents innombrables et il continue chaque
jour ses recherches. Aussi, bien qu'il ne soit qu'au
début de sa carrière littéraire, des notabilités
scientifiques et historiques recourent-elles journel-
lement à son érudition pour tout ce qui concerne
le département de la Haute-Marne, et un grand
nombre de sociétés savantes françaises et étran-
gères l'ont-elles inscrit parmi leurs membres
honoraires, titulaires ou correspondants. Nous
ne donnerons point la liste de ces sociétés, nous
citerons simplement au hasard : à l'étranger,
parmi les nombreuses académies, la R. Accade-
mia araldico-genealogica italiana ; à Paris, les
Sociétés d'Anthropologie, de Tópographie, Protectrice des Animaux, etc., etc. ; en province, les
Sociétés d'Épinal, de Troyes, de Châlon-sur-
Saône, de Saint-Dizier, de Bar-le-Duc, de Saint-
Brieuc, de Vesoul, de Langres, etc., etc. Nous
ne détaillerons pas davantage les récompenses
que M. DAGUIN s'est vu décerner, il suffit de dire

qu'il a reçu : deux mentions honorables, deux médailles de bronze, trois médailles d'argent, trois médailles de vermeil, un diplôme d'honneur et deux croix de première classe. Ajoutons en terminant, que, par arrêté du 1er janvier 1883, M. le Ministre de l'Instruction publique a nommé M. Daguin Officier d'académie.

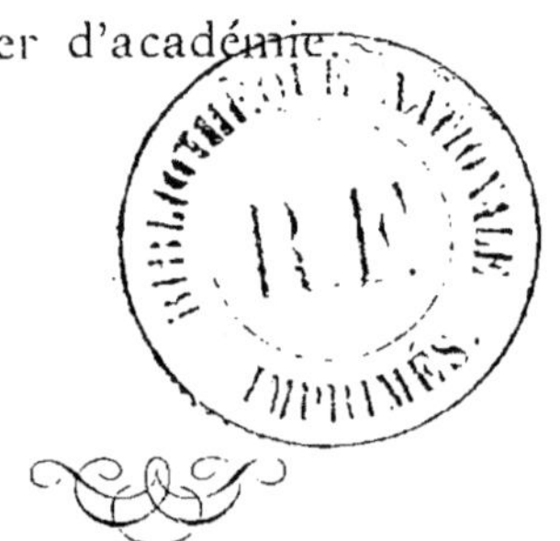

PARIS. — IMPRIMERIE Vᵉ ÉTHIOU PÉROU, RUE DE DAMIETTE, 2 ET 4.

www.ingramcontent.com/pod-product-compliance
Lightning Source LLC
LaVergne TN
LVHW051145060726
842526LV00006B/2238